ANALIZA KSIĄŻKI

AF136816

Gargantua

· · · · · · · · · · · · · ·

FRANÇOIS RABELAIS

ANALIZA KSIĄŻKI

Napisany przez Vincent Jooris
Przetłumaczony przez Kâmil Kowalski

Gargantua

FRANÇOIS RABELAIS

FRANÇOIS RABELAIS

FRANCUSKI PISARZ HUMANISTYCZNY

- **Urodził się w Chinon (Francja) około 1494 roku.**

- **Zmarł w Paryżu w 1553 roku.**

- **Jego najważniejsze dzieła:**
  - *Pantagruel* (1532), powieść
  - *Gargantua* (1534), powieść
  - *Le Tiers Livre* ("Trzecia Księga", 1546), powieść

François Rabelais urodził się około 1494 roku. Był synem prawnika, ale około 1510 roku postanowił przyjąć święcenia kapłańskie. Pisarze i poeci, zarówno mnisi jak i świeccy, dzielili się z nim swoją pasją do starożytności i humanizmu. Rabelais z nieznanych przyczyn zrezygnował ze stanu duchowieństwa w 1527 roku, aby rozpocząć studia medyczne na Uniwersytecie w Montpellier. Następnie przeniósł się do Lyonu, gdzie pisał humorystyczne pamflety i zaczął korespondować z Erazmem (holenderski humanista, 1469-1536). Wydał też swoje pierwsze dwie książki (*Pantagruel* i *Gargantua*), które zostały ocenzurowane przez kolegium Sorbony. Rabelais został następnie sekretarzem Jeana du Bellay (francuski biskup i dyplomata, 1492/98-1560), któremu towarzyszył w wyprawie do Rzymu. Od 1546 roku zaczął publikować sequele swoich książek, co było decyzją, która przysporzyła mu sporo kłopotów z Kolegium Sorbony. Jakiś czas później kardynałowi udało się załatwić mu stanowisko wikariusza w Meudon, z którego zrezygnował w 1553 roku.

Rabelais był człowiekiem wyjątkowym, kultowym i jowialnym. Zmarł w 1553 roku w Paryżu.

GARGANTUA

OD GIGANTA DO GARGANTUICZNEGO

- **Gatunek**: powieść

- **Wydanie referencyjne**: Rabelais, F. (1894) *Gargantua*. Trans. Urquhart, T. Nottingham: Printed and Published for Private Circulation.

- **Wydanie pierwsze**: 1534

- **Tematy**: folklor, śmiech, parodia, edukacja, wojna, gigantyzm

Gargantua została wydana w 1534 roku w Lyonie przez François Juste, pod pseudonimem Alcofribas Nasier (anagram prawdziwe nazwisko autora, François Rabelais). Już jego pierwsza powieść, *Pantagruel,* opublikowana w 1532 roku, zyskała ogromny rozgłos i uznanie. Jednak zamiast kontynuować tę historię, Rabelais postanowił opowiedzieć o życiu ojca Pantagruela, Gargantui.

Opowieść była kilkakrotnie modyfikowana, a przed finałową republikacją w 1542 roku autor przezornie skorygował kilka fragmentów książki, które znalazły się pod ostrzałem wszechobecnie panującej cenzury. Najbardziej znaczącą z tych poprawek była zmiana słów "teologowie" i "Sorbona" na "sofistyka".

Pomimo faktu, że książka jest najbardziej ustrukturyzowaną z opowieści Rabelais'go, to jednak wyróżnia się wyjątkowym, twórczym użyciem języka. Rabelais jest pisarzem sceptycznym, prześmiewczym i zawsze broni swoich pomysłów największą bronią, jaka istnieje: śmiechem.

PODSUMOWANIE

DZIECIŃSTWO I EDUKACJA (ROZDZIAŁY 1-14)

Grangousier olbrzym poślubia Gargamelle. Ona zachodzi w ciążę i nosi dziecko przez 11 miesięcy, co według narratora jest znakiem, że dziecko będzie istotą idealną. Gargamelle idzie na bankiet w Mardi Gras. Mimo dezaprobaty męża, opycha się flakami, pije duże ilości wina i dużo tańczy. W tym momencie zaczyna mieć skurcze i rodzi w dość nietypowy sposób: dziecko wychodzi z jej ucha, krzycząc "trochę drinka, trochę drinka, trochę drinka". "Jego ojciec, król Grangousier, nazywa go Gargantua. Wykarmienie ogromnego noworodka wymaga tysięcy krów.

Dziecko jest całkowicie wolne i może robić co chce: pije, je, śpi, goni motyle, tarza się w ziemi itd. Jego słownictwo ogranicza się do dziecięcego bełkotu i skatologicznych bajek. Pewnego dnia Gargantua wynajduje wipe breech. Zdając sobie sprawę, że jego syn jest bardzo inteligentny, Grangousier postanawia zatrudnić mu prywatnego korepetytora o imieniu Tubal Holofernes. Jednak rodzaj archaicznego i sofistycznego wykształcenia, jakie daje mu mężczyzna, sprawia, że Gargantua staje się w rzeczywistości mniej inteligentny. Pewnego dnia pojawia się Eudemon, wykształcony stronnik, który sprawia, że Gargantua wygląda jak głupiec. Grangousier zdaje sobie sprawę ze swojego błędu i wysyła syna na studia do Paryża. W prezencie od króla Numidii otrzymuje ogromną klacz, która staje się rumakiem Gargantui.

Podczas wyprawy koń Gargantui przypadkowo niszczy ogonem las. Po dotarciu do stolicy, Gargantua oddaje mocz i większość mieszkańców zostaje utopionych. Następnie wyrywa dzwony z kościoła Matki Bożej, by powiesić je na szyi swojego konia. Ocaleni wysyłają człowieka o imieniu Janotus de Bragmardo, aby z nim negocjował. Przemawia on jednak w tak absurdalny sposób, że Gargantua uznaje go za komicznego. Janotus udaje się do mistrzów z Kolegium Sorbony, aby otrzymać zapłatę, ale ci odmawiają. Mężczyzna natychmiast wnosi przeciwko nim pozew do sądu. Dzwony zostają w końcu zwrócone, a paryżanie zajmują się koniem olbrzyma.

Gargantua ostatecznie przyłącza się do swojego nowego profesora, Ponokratesa. Pierwszą rzeczą, jaką każe mu zrobić jego nowy mistrz, jest wypicie mikstury, która wymazuje z jego pamięci stare nauki. Pod okiem doświadczonego nauczyciela Gargantua zaczyna rozwijać swój krytyczny umysł, studiuje wielkie teksty i uczy się używać broni, a to tylko kilka elementów jego edukacji. Od czasu do czasu Gargantua opuszcza miasto, by odpocząć i zapolować ze swoim eskulapem Gimnastykiem.

WOJNA I TRIUMF (ROZDZIAŁY 15-44)

Tymczasem w ojczyźnie Gargantui dochodzi do alter ego. Kilku piekarzy przechodzi obok grupy pasterzy, którzy pilnują winorośli Grangousiera. Pasterze proszą ich o ciastka, ale piekarze obrażają ich. Forgier, jeden z pasterzy, obraża się i zaczyna ich pouczać. Jeden z piekarzy, Marquet, każe mu przyjść sobie z pomocą, a potem go biczuje. Pasterz krzyczy tak głośno jak tylko może i rzuca swoją pałkę na głowę

Marqueta. W końcu pasterze kupują kilka ciastek i zasiadają do uczty.

Jednak piekarze udają się na skargę do Picrocholego, sąsiedniego króla, który widzi okazję do wypowiedzenia wojny Grangousierowi. Jego armia pustoszy krainę olbrzyma, a opactwo w Sewilli zostaje zaatakowane. W tym momencie pojawia się brat Jan od lejków i gobletów. Samodzielnie, odważnie broni klasztoru i chwilowo powstrzymuje wojska Picrocholego, podczas gdy inni mnisi modlą się.

Grangousier chce się sparować, ale Picrochole nie chce się wycofać. Olbrzym wysyła list do syna, w którym informuje go, że próbował wszystkiego, aby utrzymać pokój. Po porażce swojego ambasadora, Ulrica Galleta, Grangousier postanawia zapłacić ciastkarzom i rozwiązać sytuację, która to wszystko spowodowała. Picrochole uznaje to za przyznanie się do słabości i ze wzmożoną energią wznawia wojnę.

Gimnastyk, wysłany na misję zwiadowczą przez Gargantuę, zostaje zaskoczony przez szabrowników. Aby im uciec, udaje, że jest opętany przez diabła i zaczyna wykonywać różnego rodzaju akrobacje na swoim rumaku. Po wygranej bitwie w zamku przy brodzie Vede, Gargantua udaje się na spotkanie z ojcem. Aby uczcić jego powrót, organizowana jest uczta. Gargantua prawie pożera grupę pielgrzymów, którzy ukryli się pod sałatą w ogrodzie. Braciszek Jan staje się najlepszym przyjacielem młodego olbrzyma.

Walki są kontynuowane bez wytchnienia. Ostatecznie olbrzymy i ich przyjaciele odnoszą zwycięstwo. Picrochole ucieka i w szale zabija swojego konia. Próbuje ukraść osła, ale zostaje napadnięty przez młynarzy. Nikt nie wie, co się z nim stało. Gargantua uwalnia większość więźniów, leczy wszystkich poszkodowanych i poucza pokonanych o absurdalności tego rodzaju konfliktu.

OPACTWO W THELEME (ROZDZIAŁY 50-58)

W nagrodę za odwagę brata Jana, Gargantua postanawia wznieść dla niego opactwo Theleme, którego mottem staje się "Rób co chcesz". Jego członkowie żyją w doskonałej harmonii i wolności.

Podczas kopania fundamentów budynku zostaje odkryty tajemniczy tekst. Prorocza zagadka prowadzi do sprzecznych interpretacji, na czym kończy się powieść.

STUDIUM POSTACI

GARGANTUA

Gargantua jest głównym bohaterem opowieści. Etymologia jego imienia jest wyraźnie związana z gardłem: gdy się urodził, Gargantua natychmiast zapragnął alkoholu, dlatego Grangousier wykrzyknął "Jak wielkie masz gardło." Jest olbrzymem.

Gargantua i jego ojciec, Grangousier, są idealnymi reprezentantami miłosiernych, opiekuńczych monarchów:

- robią wszystko, by utrzymać pokój w swoim królestwie;

- nie pragną zemsty;

- po wygraniu ostatecznej bitwy odmawiają aneksji podbitych ziem, oszczędzając w ten sposób swoim wrogom dalszych upokorzeń;

- nie każą wykonać wyroku na Picrochole, ale pozbawiają go królewskich przywilejów, czyniąc go jedynie zwykłym człowiekiem.

Wiele osób widzi w Gargantui alegorię Franciszka I, króla Francji w latach 1515-1547, którego Rabelais uważał za monarchę idealnego, obdarzonego wyjątkowym poczuciem moralności.

WYCHOWAWCY

Holofernes i Bride

Grangousier wysyła syna do pierwszego wychowawcy, Tubala Holofernesa, a następnie do drugiego, Jobelina Oblubieńca. Edukacja Gargantui (rozdziały 8 i 20):

- kierują nim potrzeby cielesne (łaknienie, wydalanie, kaszel i tak dalej), które w dodatku są nieprzewidywalne (Gargantua nie ma absolutnie żadnego poczucia higieny osobistej);

- jest przestarzała (składa się z przypadkowych elementów z późnego średniowiecza, wiedzy czysto książkowej oraz mieszaniny dzieł znawców prawa i mętnych gramatyków);

- trwa niezwykle długo, bo aż 54 lata;

- opiera się na automatycznym zapamiętywaniu i uczeniu się na pamięć: uczeń nie robi nic poza mechanicznym recytowaniem tekstów, w przód i w tył;

- czyni go bardzo pasywnym: wychowawca każe mu po prostu czytać książki, nie pytając o jego udział czy wkład, co prowadzi do utraty krytycznego umysłu i zdolności do refleksji;

- nie ma żadnego związku z prawdziwym życiem.

EUDEMON

To właśnie Eudemon podkreśla, jak bezużyteczna jest edukacja, którą Gargantua otrzymuje od Holofernesa i Bride. Młody stronnik zupełnie różni się od opiekunów Gargantui. Jest opisany jako "tak schludny, tak zadbany […] i tak słodki i uroczy w swoim zachowaniu" (rozdział 15), co daje nam wskazówkę co do skuteczności edukacji, którą otrzymał, tym bardziej w porównaniu z nauką młodego olbrzyma, ponieważ jego poprzedni opiekunowie wyraźnie pominęli nauczenie go dobrych manier. Gargantua sam zdaje sobie z tego sprawę i po wysłuchaniu utalentowanej mowy, którą wygłasza Eudemon, zaczyna płakać, wstydzi się, "zasłaniając ją [twarz] czapką". Młody stronnik jest więc elementem napędowym i punktem zwrotnym w edukacji Gargantui, ponieważ to właśnie w tym momencie on i jego ojciec zdają sobie sprawę z ograniczeń i luk w edukacji, jaką zapewniają nauczyciele tacy jak Holofernes czy Bride. Po tym fakcie Grangousier pragnie powierzyć edukację swojego dziecka wychowawcy Eudemona, Ponokratesowi.

PONOKRATES

Ponokrates proponuje Gargantui nowy styl edukacji oparty na:

- **Wiedza humanistyczna**. Jego nauczanie opiera się na klasycznych autorach greckich i łacińskich, a także innych dziełach humanistycznych, takich jak *Pochwała szaleństwa* (1511) Erazma czy *Utopia* (1515-1516) Tomasza More'a (1478-1535). Ponokrates otwiera też Gargantui oczy na rozwijające się wówczas nauki (astronomia, biologia, matematyka, medycyna). Wreszcie dużą wagę przywiązuje się do interpretacji tekstów religijnych: dzień ucznia zaczyna się i kończy analizą Biblii, dzięki czemu nauczy się on lepiej ją rozumieć.

- **Dyscyplina ciała i organizacja czasu**. Przywrócona zostaje harmonia między ciałem a duchem (*Mens sana in corpore sano*, "zdrowy umysł w zdrowym ciele"): Gargantua uczy się myć, wykonywać ćwiczenia fizyczne itd. Uczy się też inaczej gospodarować swoim czasem. Wstaje przed świtem i nie marnuje już ani chwili w ciągu dnia. Każda godzina czuwania wypełniona jest na wykonywaniu jakiejś czynności i nie ma miejsca na lenistwo. Co więcej, kilka rzeczy robi jednocześnie: uczy się podczas ubierania, podczas mycia, podczas jedzenia itd. Utrzymanie takiego tempa musi być jednak wyczerpujące, dlatego Rabelais nie wymaga, by cały program był realizowany co do joty. Jest to raczej ideał, który wskazuje na ogólną perspektywę nauki, którą poleca zastosować.

- **Różnorodność metod uczenia się**. Gdy napięcie intelektualne staje się przytłaczające, jako ujście stosuje się rozmowy na świeżym powietrzu, gry i ćwiczenia fizyczne w stylu wojskowym.

- **Refleksja ucznia**. Jest to czas, w którym Gargantua rozwija swój krytyczny umysł i uczy się samodzielnego myślenia.

- **Zmysł praktyczny**. Program Rabelais'go nie jest odcięty od rzeczywistości, nie zaniedbuje życia praktycznego. Wiedza jest zdobywana równolegle z badaniem natury i społeczeństwa: bezpośrednia obserwacja i eksperymentowanie dopełniają edukacji Gargantui. Co więcej, Gargantua studiuje również nauki ścisłe, geografię, a nawet astronomię, dziedziny, które zostały pominięte przez jego poprzednich nauczycieli.

👁 HUMANIZM

W historii Zachodu humanizm to szkoła myślenia, która po raz pierwszy pojawiła się we Włoszech w XIV wieku, a następnie rozprzestrzeniła się w całej Europie w XV i XVI wieku. Charakteryzuje się powrotem do idei starożytnych i bezgraniczną wiarą w możliwości moralne i intelektualne człowieka. Dla humanistów głód wiedzy i rozwój krytycznego myślenia uwzniośla człowieka, pozwala doskonalić się i rozumieć Stworzenie. Nauczanie znajduje się zatem w centrum tej szkoły myślenia. Ponowne odkrycie tekstów starożytnych, fundamentów humanizmu, było postrzegane jako prawdziwy renesans i umożliwiło narodziny nowoczesnych nauk. Rabelais był jednym z wielkich humanistów 16 wieku.

Poprzez Holofernesa i Bride Rabelais wyśmiewa tradycyjną scholastykę. Nauczanie to, które zaczęło się rozwijać w XI wieku, a osiągnęło swój szczyt w wieku XIII, miało na celu zjednoczenie wiary chrześcijańskiej z rozumem. Uczyło uczniów książkowej wiedzy, która nie miała żadnego związku z realnym życiem i nie wymagała refleksji ani skupienia uwagi, zrozumienia czy wysokiego ilorazu inteligencji. Rabelais uważa ten sposób nauczania za zbyt sztywny, nużący umysłowo i nieodpowiedni dla tamtych czasów. Gargantua przedstawiony jest jako ignorant, słowny i pretensjonalny. Grangousier uświadamia sobie rozmiar swojego błędu, gdy pojawia się Eudemon (z greki, co oznacza "szczęśliwy" lub "uszczęśliwiony"), młody stronnik wykształcony zgodnie z zasadami humanizmu. Kontrast z synem jest tak oczywisty, że król postanawia znaleźć mu wychowawcę na wzór Eudemona i trafia na Ponokratesa (z greki, co oznacza "ten, który wytrzymuje trud"). Otwartość i kompletność humanistycznego wykształcenia czyni z Gargantui osobę, która zasługuje na wysłuchanie. Od tej pory bohater jest zdolny do samodzielnego myślenia, jest zaznajomiony z wiedzą grecką, łacińską i erazmiańską. Jego wykształcenie potwierdza jego pozycję w społeczeństwie: poprzez mowę Gargantua jest w stanie wpływać na działania ludzi i kierować nimi. W rezultacie Rabelais wykorzystuje *Gargantuę* do podkreślenia i pochwały edukacji humanistycznej.

GYMNAST

Gymnast pojawia się dopiero w rozdziale 23, gdy Gargantua jest nauczany przez Ponokratesa. Podczas gdy Ponokrates dba o rozwój intelektualny Gargantui, Gymnast uczy go rycerskości. Jest on jakby komplementarnym bliźniakiem modelowej postaci Eudemona. Podczas gdy Eudemon wyróżnia się przede wszystkim subtelnością i jakością wypowiedzi, Gymnast, prawdziwy mistrz akrobatyki, pokazuje pełnię swoich talentów w walkach z siłami Picrocholego, podczas których z niemałą wprawą miażdży swoich wrogów. Gimnastyk, którego imię oznacza "zwinny", może być postrzegany jako idealny przykład fizycznej doskonałości, doskonałości, którą stara się pomóc Gargantui osiągnąć. Jak zdążyliśmy zauważyć w innym miejscu książki, jest to sposób na pochwałę edukacji humanistycznej, ponieważ istnieje równa równowaga między dbaniem o ciało i poszukiwaniem wiedzy. Ponadto, Gimnastyk nie jest tylko awanturnikiem; wykazuje się też mądrością, jak choćby wtedy, gdy pokonuje kapitana Tripeta ("wszystkim kawalerzystom przystoi skromnie korzystać ze swego szczęścia, nie kłopocząc się i nie naciągając go zbytnio"), podobnie jak Eudemon, który jest paradygmatem wiedzy wszechstronnej, bo posiada już interesujące cechy fizyczne.

PICROCHOLE

Picrochole, król Lerne, jest impulsywny i agresywny. Jego imię oznacza "zły temperament". "Wypowiada wojnę z powodu zwykłej wiejskiej kłótni. Uosabia wściekłego zdobywcę, który zapomina o traktatach pokojowych i ma obsesję na swoim punkcie.

Jeśli Gargantua to Franciszek I, Picrochole to jego rywal Karol V (Święty Cesarz Rzymski, 1500-1558). Gdy doszedł do władzy, rządził terytorium obejmującym Hiszpanię i jej kolonie, Królestwo Dwóch Sycylii (Neapol), Burgundię i Siedemnaście Prowincji. W 1519 r. został wybrany Świętym Cesarzem Rzymskim. Ze swoimi europejskimi terytoriami i hiszpańskimi koloniami dosłownie odziedziczył imperium, "nad którym nigdy nie zachodzi słońce". Jego motto *"Plus ultra"* możemy zinterpretować jako "dalej poza" i wskazuje, że nie było już granic dla ekspansji terytorialnej.

Dla Rabelais'go działania wojenne z Picrocholem stanowią okazję do potępienia ekscesów wojennych. Jak wszyscy humaniści opowiada się za pokojem i dyplomacją. Grangousier, w oczach Rabelais'go uosobienie idealnego monarchy, wybiera drogę dyplomatyczną. Ponieważ jest władcą życzliwym, jego głównym zmartwieniem są reperkusje wojny dla jego poddanych i stara się udobruchać przeciwnika wszelkimi możliwymi środkami. Jednak wysiłki Grangousiera spełzają na niczym, gdyż Picrochole nie chce dojść do głosu. W obliczu przeszkody nie do pokonania, olbrzymy z żalem rezygnują z wojny, nie okazując jednak najmniejszej słabości: opracowują zdecydowaną, metodyczną strategię.

BRACISZEK JAN OD LEJKÓW I GOBELINÓW

Fra John może być ignorantem, ale jest też pragmatycznym, odważnym mnichem, dla którego problemyświata, w którym przyszło mu żyć, są niezwykle istotne. Spotkanie z nim daje bohaterowi okazję do zakwestionowania przydatności mnichów i modlitwy. Gdy brat Jan staje się przyjacielem Gargantui, zaczynają tworzyć duet, który przywodzi na myśl Pantagruela i Panurga. W obu przypadkach wybitnemu bohaterowi towarzyszy mniej wykształcony antybohater. Interpretacja wydarzeń zawsze oscyluje między wizją jednego z nich, często alegoryczną, a wizją drugiego, bardzo prozaiczną. Widzimy to w finałowej zagadce, kiedy Gargantua wierzy, że czyta symboliczny tekst, podczas gdy brat Jan nie widzi nic więcej niż opis *jeu de paume*.

ANALIZA

DZIEŁO MIESZANE: OD POSTACI Z WESOŁEGO MIASTECZKA DO BOHATERA CYWILIZACYJNEGO

Aby napisać *Gargantuę*, Rabelais czerpał inspirację z różnych źródeł, m.in. z folkloru, powieści, romansów rycerskich i humanizmu.

Gargantua był pierwotnie popularną postacią ludową z tradycyjnych ustnych opowieści. W 1532 roku powstała anonimowa transkrypcja jego przygód: *Grandes et Inestimables Chroniques du grand et énorme géant Gargantua* ("Wielkie i nieocenione kroniki wielkiego i ogromnego olbrzyma Gargantui"), w której znalazło się wiele sprośnych żartów, a czasem nawet sprośności. Ta karnawałowa opowieść opowiada o życiu naiwnego olbrzyma w służbie króla Artusa i była bardzo popularną opowieścią jarmarczną. Rabelais zachował tylko niektóre sceny z oryginalnej opowieści, jak na przykład kradzież dzwonów z kościoła Matki Boskiej.

Już prymitywna opowieść z 1532 roku łączyła *Gargantuę* z legendami arturiańskimi. Jednak Rabelais również oparł swoją opowieść na romansach rycerskich. Po wprowadzeniu bajecznego, mitycznego dziedzictwa bohatera opisuje inne epizody, które są typowe dla tego gatunku: cudowne narodziny bohatera, objawienie jego potencjału, jego edukację, poznawanie świata, wyczyny dowodzące jego męstwa, bitwy i ostateczny triumf.

W opowiadaniu można odnaleźć również wpływy innych gatunków, w tym wierszy, rozmów i wykładów.

W końcu, dodając do opowieści rozważania humanistycznych ludzi pióra (jak edukacja, wojny z Picrocholem, utopia Theleme i tak dalej), Rabelais czyni z głównego bohatera bohatera cywilizacyjnego.

Ta mieszanka gatunków była zaskoczeniem dla XVII-wiecznych czytelników. Rabelais zmusza skrajności do współistnienia w paradoksalnym wszechświecie. Należy jednak zaznaczyć, że ta swoboda pisarza nie przeszkadza w nadaniu powieści sensu, wręcz przeciwnie.

PROMOCJA IDEI HUMANISTYCZNYCH I KRYTYKA ŚREDNIOWIECZNEJ TRADYCJI INTELEKTUALNEJ

Powieść Rabelais'go jest zupełnym odzwierciedleniem jego czasów, rozwija i bada kluczowe pytania, które ożywiały społeczeństwo w tamtych czasach. Humanistyczna gałąź filozofii jest całkowicie sprzeczna ze scholastyczną tradycją średniowiecza, która była postrzegana jako paraliżująca, a Rabelais wnosi do niej istotny wkład dzięki oryginalnym metodom farsy i parodii. Efekt komiczny jest najbardziej uderzający, gdy opisywane są niespójne bufony sofistyki lub gdy przywoływane są ekscesy uczonych z Kolegium Sorbony. Zauważamy, jak równowaga zasad humanistycznych znacznie przewyższa absurdy scholastycznej edukacji. Skrupulatna higiena i szacunek dla ciała z jednej strony, niechlujstwo z drugiej (teologowie uważali niekiedy dbałość o ciało za oznakę przywiązywania zbyt dużej wagi do materii, a więc za grzech); powrót do bezpośredniego studiowania tekstów biblijnych przeciwko ściśle formalistycznym i ilościowym praktykom religijnym; ćwiczenia fizyczne przeciwko łakomstwu i nadmiernemu pijaństwu... Żałosne wyniki uzyskane u pierwszych wychowawców uwypuklają ilość czasu, jaką traci się przy tego rodzaju edukacji. Gargantua większość czasu spędza na bankietach i w zrytualizowanych modlitwach, zamiast uczyć się i poważnie rozwijać. Edukacja humanistyczna natomiast stara się rozwijać wiedzę poprzez skupienie się na refleksji i krytycznym myśleniu, nie zapominając o niezbędnym utrzymaniu sprawności fizycznej, która jest konieczna dla dobrego zdrowia.

Jesteśmy świadkami rozwoju prawdziwego programu, a nie tylko porównania dwóch różnych sposobów postępowania, programu, który czyni poszukiwanie właściwej równowagi istotą całego zdrowego postępu. Istotne staje się zrozumienie równowagi między wiedzą intelektualną, refleksją moralną i utrzymaniem fizycznym, między pracą a odpoczynkiem, między sztuką a nauką, między wiedzą teoretyczną a doświadczeniem praktycznym. A przede wszystkim autor przedstawia bardzo nowatorską jak na tamte czasy ideę: znaczenie aktywnego udziału samego ucznia w trakcie jego edukacji, podczas której jest on zaproszony do ciągłej refleksji i zadawania sobie pytań. Rabelais nigdy jednak nie daje się złapać w jeden program, i słusznie: wiatry wolności i gigantyzmu, które wieją przez te strony, poświęcone tematom, które miały istotne znaczenie dla intelektualnych i filozoficznych przygód jego czasów, pozostają siłą przewodnią powieści. Komedia, służąca jako potężna broń przeciwko niedostatkom tradycji wychowawczych jego czasów, inspiruje również bardziej swobodną i barwną twórczość literacką.

ZNACZENIE, JAKIE KRYJE SIĘ ZA ŚMIECHEM

Przedmowa zwraca się bezpośrednio do nas i sugeruje pewną lekturę: trzeba obgryzać kości i "wyssać szpik". Rabelais namawia swoich czytelników, aby nie zadowalali się dosłownym znaczeniem książki; musimy iść dalej. Innymi słowy, nie powinniśmy brać książki za dobrą monetę. Autor chce, abyśmy krok po kroku czytali między wierszami. Więc Gargantua to nie tylko zabawna historia.

W istocie, komiczna żywiołowość tylko na pierwszy rzut oka jest bezcelowa. Pomiędzy burleskowymi, prześmiewczymi epizodami możemy odnaleźć bardziej subtelne elementy. Jeśli świadomy czytelnik rozbierze na czynniki pierwsze pewne fragmenty, odkryje mnóstwo odniesień do problemów swoich czasów, czy to filozoficznych, moralnych czy religijnych. Jednymi z najbardziej godnych uwagi tematów, które porusza Rabelais są wojna, którą krytykuje, cechy dobrego monarchy oraz cechy dobrego wychowania.

Dlatego opowieść Rabelais zachęca do dyskusji, zagadek i dyskursywnych pytań, choć utrzymana w nieco pogodnym i groteskowym tonie. Żaden jednoznaczny rozdział nie może potwierdzić sensu tej historii. Czytanie jest pretekstem do zastanowienia się nad światem: zmusza do myślenia, prowadzi do dyskusji i pozwala wyrobić sobie własne sądy. Czytelnik jest więc zaangażowany w lekturę.

POCZUCIE KOMIZMU RABELAIS'GO

Historia Rabelais jest bardzo komiczna. W tej książce nie ma miejsca na melancholię: wszystkie historie rozwijają się entuzjastycznie. Głównym celem autora jest rozbawienie czytelnika. Uważa, że śmiech ma właściwości lecznicze: łagodzi niepokój, zmęczenie, melancholię i inne dolegliwości. Jako lekarz Rabelais pisał swoje powieści głównie po to, by leczyć pacjentów. Wykorzystuje do tego kilka technik: gigantyzm, inwencję werbalną, parodię i przesadę.

Gigantyzm

Giganci, którzy tak naprawdę są niczym więcej niż ulepszonymi ludźmi, pojawiają się we wszelkiego rodzaju folklorze. Są źródłem komedii w prostym przeciwieństwie do naszej przeciętnej ludzkości: śmiejemy się z opisu budowy ciała Gargantuy, ilości materiału potrzebnego do jego ubrania i wszystkich rzeczy specjalnie dla niego wykonanych. Należy również zauważyć, że gigantyzm pozwala autorowi być bardzo odważnym i bardzo krytycznym, chroniącym skromność społeczeństwa i współczesnego społeczeństwa.

Wynalazek słów

Rabelais zadziwia i rozśmiesza nas swoim językiem. Miesza terminy techniczne, onomatopeje i słowa starożytne, dziwne i dialektalne. Jest też ojcem wielu neologizmów w języku francuskim – takich jak "ramentevoir" ("bethink"), "pamparigouste" ("Timbuktu"), "coquecigrue"("chimera"), "croquelardon" ("sknera"), "gogelu"("próżniak"), "matagraboliser" ("matagrabolizować"), "trepelu" ("Touquedillon") – oraz przysłowia, które obecnie stały się klasyczne, w tym:

- "Śmiać się jest właściwe człowiekowi" (Prolog).

- "to nie habit czyni mnicha" (Prolog).

- "apetyt przychodzi wraz z jedzeniem" (rozdział 5).

Ponadto, jego zdania są okraszone grą słów, kalamburami i spooneryzmami: "Wielki Bóg stworzył planety, a my wyrabiamy zgrabne talerze" (tamże).

Parodia

Rabelais często korzysta z parodii, łamiąc obowiązujące normy. Miesza więc tematy szlachetne z błahymi, co prowadzi do sytuacji komicznych.

Parodiuje zwłaszcza kodeks rycerski, który postrzega jako przestarzały i nierealny (rozdział 34). W obliczu ślepej, głupiej siły swoich przeciwników, olbrzymy i ich przyjaciele wolą walczyć sprytem i humorem.

W opowieściach o rycerzach:

- bohaterowie stosują broń szlachetną (miecze, lance);

- wrogowie to zdyscyplinowani, postawni ludzie, którzy w walce zostają pokonani w honorowy sposób;

- wojownicy wytrzymują ciosy, nie będąc spowolnionymi przez swoje obrażenia.

Zamiast tego, tutaj:

• Gargantua używa wyrwanego drzewa, podczas gdy jego wrogowie używają broni palnej;

• wrogowie charakteryzują się tchórzostwem (dezerterzy i szabrownicy) i giną w śmieszny sposób (utopieni w moczu olbrzymiej klaczy);

• Gargantua myli kule armatnie z pestkami winogron i muchami.

Przesada

Bohaterowie Rabelais lubują się w bardzo nietypowych zestawieniach, precyzyjnych liczbach, bezużytecznych szczegółach, fantastycznych hiperbolach, niestosownych porównaniach, powtórzeniach słów i zwrotów itp.

Doradcy Picrocholiego wiedzą na przykład, jak rozpieszczać jego megalomańską dumę (rozdz. 31). Podżegając go do imperialistycznego szaleństwa, przepowiadają podbój całego świata. Aby upewnić się, że podoba mu się ich mowa, naśladują Aleksandra Wielkiego (króla Macedonii, 356-323 pne) i tworzą długą listę podbitych terytoriów, aż wymyślają nazwy krajów. Dodatkowo w tych wynalazkach powtarzają się te same dźwięki, co sprawia wrażenie dziecięcej piosenki. Aby wyglądać bardziej wiarygodnie, wymieniają również zbyt dokładne liczby. Nie chodzi o to, że ich propozycje są głupie.

UTOPIA: OPACTWO W THELEME

Na końcu opowieści brat Jan zostaje nagrodzony za swoje męstwo opactwem w Theleme, które staje się siedzibą nowego rodzaju organizacji religijnej. Klasztor jest kolebką nowego doskonałego społeczeństwa, składającego się z pięknej, bogatej, wykształconej młodzieży. Życie tam nie polega na konfliktach ani nieporozumieniach.

Opisując to, co robią tam mieszkańcy, Rabelais podkreśla to, czego nie robią. W efekcie zajmuje stanowisko całkowicie przeciwne do niezwykle restrykcyjnych reguł klasztornych, które osobiście przeżył. Rzeczywiście, Theleme jest miejscem różnorodności, wolności słowa i poruszania się. Każdy ma prawo mówić i robić to, co mu się podoba: po grecku *thelema* oznacza "wolną wolę". Ponadto zniesione są wszelkie śluby czystości, ubóstwa i posłuszeństwa.

Motto klasztoru brzmi: "Rób, co chcesz". Jednak jeśli każdy robi tylko to, co chce, nie może istnieć prawdziwa wspólnota: jak zapewnić wzajemny szacunek i moralne podniesienie? Jak można zwalczać zbytek i rozwiązłość? W rzeczywistości Rabelais zakłada, że korzystanie z wolności jednostki sprzyja poszukiwaniu dobra wspólnego. Struktura klasztoru odpowiada zatem wierze, jaką Rabelais, jak wszyscy humaniści jego czasów, pokładał w naturze ludzkiej.

Tematyczna utopia jest bardziej symbolem niż realnym projektem. To idealne miejsce jest rzeczywiście zbyt harmonijne, zbyt dobrze utrzymane, a przede wszystkim nie jest stworzone dla gigantów i ich przyjaciół. Bohaterowie Rabelais'go są istotami dialogu. Czują potrzebę podróżowania po świecie, który nieustannie się zmienia, jest źródłem niestrudzonych sporów i paskudnych skandali. W Thelemes potrzeba jedności miażdży wszelkie różnice. Każde słowo zatapia się w zbiorowej woli. Więc autor nie może tam trzymać swoich stworzeń, ponieważ byłoby to jak trzymanie ich w więzieniu. Ukryłoby to ich różnice, które są tak słodkie i znaczące. Również klasztor Theleme jest szybko zapomniany w następnych książkach. Nic nie może powstrzymać męskiej chęci kwestionowania świata.

RECEPCJA POWIEŚCI

Jak wszystkie powieści Rabelais'go, sukces *Gargantui* przeobraża się w zależności od czytelników i czasów. O ile *Pantagruel* nie wzbudził podejrzeń cenzorów i był po prostu krytykowany za obsceniczność, o tyle wraz z wydaniem *Gargantui* wszystko się zmieniło. W kontekście narastających prześladowań religijnych teksty i ich "szpik" stały się podejrzane, co wyjaśnia, dlaczego Rabelais miał w swoim czasie niewielu otwartych wielbicieli swojego dzieła, mimo szerokiej dystrybucji książki.

Mimo upływu czasu i komentarzy autora, które czyniły z niego bufonowatego pisarza-alkoholika, Rabelais zawsze potrafił wzbudzić silne reakcje, co świadczy o sile jego powieści. Jego walka z obskurantyzmem i o wolność jednostki, jak również wywrotowe, twórcze wykorzystanie języka i formy powieściowej, są nadal przedmiotem dyskusji i inspiracją dla innych w literaturze francuskiej, od moralistów po najbardziej nowoczesnych autorów, w tym romantyków i myślicieli oświeceniowych.

DALSZA REFLEKSJA

KILKA PYTAŃ DO PRZEMYŚLENIA...

- Jakie różnice możemy zauważyć między olbrzymami Rabelais'a a np. baśniowymi ogrami?

- W jaki sposób imiona bohaterów odzwierciedlają ich charakter? Wyjaśnij na przykładach z książki.

- W rozdziale 5, jakich technik używa Rabelais, aby przekonać nas, że wydarzenia, które opowiada są prawdziwe? Jakie szczegóły uświadamiają czytelnikowi, że Rabelais nie mówi poważnie?

- Znajdź tekst *Reguły św. Benedykta* (napisanej dla mnichów benedyktyńskich ok. 540 r.) i porównaj jej treść z systemem opactwa w Theleme. Co zauważasz?

- Interpretacja świata przez brata Jana przeciwstawia się interpretacji Gargantui. Jak ta różnica poglądów wraca do obrazu kości do przeżuwania i miękkiego szpiku w środku?

- Za komedią kryją się znacznie poważniejsze tematy. Wyjaśnij, na czym polega komedia w wersji Rabelais'go i jakie są jego poważniejsze cele.

- Rabelais namawia nas do wyjścia poza dosłowne odczytanie powieści. Niewątpliwie sugerowałby on takie samo podejście do tekstów religijnych (na przykład do Biblii). Wyjaśnij to stwierdzenie.

- "W *Gargantui* istnieje pewna dwuznaczność, która wisi przez całą powieść." Uzasadnij tę teorię.

- Czy Twoim zdaniem istnieją jakieś podobieństwa między *Gargantuą* a *Don Kichotem* autorstwa Cervantesa (wydanym w latach 1605-1615)?

- *W Pochwale szaleństwa* Erazm używa satyry jako broni w walce intelektualnej. W jaki sposób jest to podobne do tego, co Rabelais robi w *Gargantui*?

- Co sprawia, że Rabelais jest humanistą?

- Jakie rozróżnienia można poczynić między duetem Gargantua i Pantagruel a grupą utworzoną w *Le Tiers Livre* ("Trzecia Księga"), *Le Quart Livre* ("Czwarta Księga") i *Le Cinquième Livre* ("Piąta Księga")?

PRZECZYTAJ TAKŻE

WYDANIE REFERENCYJNE

Rabelais, F. (1894) *Gargantua*. Trans. Urquhart, T. Nottingham: Printed and Published for Private Circulation.

BADANIA REFERENCYJNE

Merritt, Y. (No date) The Unquenchable Thirst to Understand: Francois Rabelais' Satire of Medieval and Renaissance Learning In 'Gargantua and Pantagruel'. *Ampersand: the science of art; the art of science*. [Online]. Tom 2. [Dostęp 3 kwietnia 2017]. Dostępny w: < http://itech.fgcu.edu/&/issues/vol2/issue2/rabelais.htm>

Gioia, T. (bez daty) ,Gargantua i Pantagruel' François Rabelais'a. *Conceptual Fiction*. [Online]. [dostęp 3 kwietnia 2017]. Dostępny w: < http://www.conceptualfiction.com/Gargantua_and_Pantagruel.html>.

Chcemy usłyszeć od Ciebie, co się dzieje!
Zostaw komentarz na temat swojej internetowej biblioteki
i podziel się swoimi ulubionymi książkami w mediach społecznościowych!

Wydawca zapewnia o wiarygodności publikowanych informacji, co jednak nie może wiązać się z jego odpowiedzialnością.

www.50minutes.com

Master ISBN: 9782808693554
Papierowy ISBN: 9782808614955
Depozyt prawny: D/2023/12603/1775

Verhaal: © Primento

Projekt cyfrowy: Primento, cyfrowy partner wydawców.